JN440146

당신을 꺼내도 되겠습니까

강신애 시집

시인동네 시인선 012

강신애 시집

당신을 꺼내도 되겠습니까

시인동네

시인의 말

모든 존재 속에 깃든 파파피네를 위해.

2014년 남한산성 신록 아래서
강신애

당신을 꺼내도 되겠습니까

시인의 말

차례

제1부

꽃, 상징사전 • 13
전조 • 14
바다가 있는 지하실 • 16
순례자 K • 18
호랑이 농장 • 20
유령 어업 • 22
조 블랙 • 24
솔잎땀 • 26
미림산(美林山) • 28
스푸마토 • 30
회전하는 무초 • 32
가을 애인 • 34
모노드라마 • 36

제2부

장엄하게 점점 희미하게 • 39

가장 조용한 죽음 • 42

산호와 시멘트 • 44

파파피네 • 46

백야(白夜)의 해를 꺼낼 수 없듯 • 48

비닐 천사 • 50

카르투지오 수도원 • 52

홀로그램 • 54

녹는 비너스 • 56

고양이 키스 • 58

눈의 전화 • 60

더미(Dummy) • 62

조난 • 64

각인 • 66

제3부

신례원 • 69

제니의 스카프 • 70

소리 없는 바이올린 • 72

스튜디오 • 74

당신을 꺼내도 되겠습니까 • 76

줄타기 광대의 전설 • 78

말들이 뛰노는 바닷가에 • 80

광시(光視) • 82

바이칼에 새긴 • 84

분홍 관 • 86

모조왕 • 88

낙엽차 • 90

양지꽃 • 92

제4부

위니 • 95

아이티 • 96

끝없는 이야기 • 98

북극 여우 • 100

내년에 또 오너라 • 102

다라비 • 104

인도 소년 • 106

화순 • 108

라라, 누구의 고양이도 아닌 고양이 • 110

미풍으로 버튼을 • 112

명주 • 114

산양 • 116

장마 • 118

공진(共振) • 120

해설 '파파피네'의 노래
최현식(문학평론가·인하대 교수) • 123

제1부

꽃, 상징사전

조향사는 향수를 쓰지 않는다

봉오리에 영근 향이 폭발하는
찰나의 입회,

천연의 몽환을 포집하기 위해
늘 백지다

향은
태양이 물 주어 기른 지상의 기호사전

엉킨 실마리 찾아

꽃에 묶인 상징의 색인을 펼쳐내고
후각의 팔레트에 비비고 섞으며

녹음 어우러진 재스민과 은방울꽃 골짜기,
국화꽃 비탈을 헤매인다

전조

이 밀리의 눈이 내렸네

공명에 떠는
네 개의 손바닥을 가로질러

잠언 같은
노면을 두드려대는 음소거의 타악기들

눈의 눈물샘 속으로
불의 숨을 불어넣는 촛불들……

삼 밀리
사 밀리의 눈이 내리네

내 속에서 증발하는 비문(碑文) 같은 폐허

밤도
이 환한 흉부를 숨길 수는 없었네

>

정말 눈일까
정말 첫눈일까 의심하는 나에게

만져보라고
차갑게 입 맞춰보라고

칠 밀리 팔 밀리
눈이 내리네

바다가 있는 지하실

그 바다는 흐르지 않아,
회벽을 붙들고 나지막이 철썩일 뿐

퀴퀴한 동굴 속에 바다라니!
처음엔 수건인 줄 알았지
만지면 손에 푸른곰팡이가 묻어나는

바다는
어둠과 거미줄, 망가진 집기들과
먼지에 찌든 지하실의 햇빛 목마름이 만들어낸 몽상일까

바다를 고정하고 있는 수평선에서
지난여름 백사장 가설무대
색색의 리본을
뭉게뭉게 뽑아내던 마술사의 끝없는 입이 떠올랐지
아니, 바다가 토해낸 거품 속 리본이 마술사의 혀를 끌고 나
왔던가

무언가를 정밀히 반추하기엔
진한 하수구 냄새의 지하실

이곳엔 도무지 어울리지 않는 바다를
나는 네 귀퉁이 접어 가방에 집어넣고픈 충동을
가까스로 억누른다

지퍼를 열면
왈칵, 쏟아지는
이 신성한 허무를 어떻게 걸어놓을까

수평선이 허물어져
내 방의 너무 많은 지하실에 스며
바다는 흔적도 없어질 테니

순례자 K

영혼의 허기는 사치,
육체의 허기나 면하러
모래폭풍과 화석나무 속으로 들어간다

예언자의 동굴을 지나
불꽃 속에서도 타지 않는 떨기나무, 구약의 수풀 속으로
우리는 낙타를 타고 간다

코란을 읽을 때
몸을 앞뒤로 흔드는 이방인처럼
황홀경은 반복임을
낙타의 움직임이 알려주는 따가운 길

종소리 울려 퍼지는 절벽 아래 나를 내려놓고

조르바가 창조한 K
조르바의 땀내 나는 눈으로 K는
탕자처럼

우물과 사이프러스와 요새 같은 사원을 우러른다

한줄기 떨림, 눈물의 황홀경으로

붉은 화강암판에 새겨진 낙타 발자국이 있는 곳
순례자 K는
자신의 혈통을 의심하여
얼룩덜룩한 프레스코화처럼 막연해진다

베두인족의 천막이 접힌 페이지에서
모래를 털어내자
잉크 번진 낱장처럼 당도한 아침

K의 이마엔 몇 알, 사해의 소금이 맺혀 있다

호랑이 농장

깊이, 더 깊이 호랑이 아가리에 머리를 집어넣는다
호랑이는 포효한다 소리 없이, 찢어지도록
아아 입을 벌린다

사나운 호랑이 오줌에 감염된 유토피아
밀반입한 두려움, 이를 몽땅 뽑히고서야 호랑이는
당신의 박수와 환호, 붉은 살덩이를 삼킬 수 있다

곰 인형으로 조련된 호랑이를 주워 공놀이를 한다
말랑말랑하고 아름다운 벵골의 줄무늬가 통통 떠다니는
아열대의 사원
목줄이 수면제 먹은 구름을 끊고 다녀서

조각나 흩어진 구름들
호랑이는 졸고 성상(聖像)은 졸고 연잎은 뱅글뱅글 돌고……

최면으로 사람을 잘 따르고 유순해요 개처럼, 앵무새처럼

흰 꽃을 든 스님이 특별한 기념사진을 권했다
최면을 명상(瞑想)으로, 차마 바꾸어 말하지 못해 아쉬웠지만

허벅지에 맹수의 제왕 머리를 얹고 쓰다듬으며
당신은 잔인하게 치즈, 하고 웃는다

유령 어업

앨버트로스 어미가 새끼에게
병뚜껑을 먹이고 있다

인형 머리가
물고기를 해변에 토해놓는다

우산 손잡이와 무관한
깃털이
라이터와 무관한
아가미가 발치에 흩어져 날린다

나는 숨이 차고
좌표를 잃는다

소보록하게
폐활량을 가득 채운 내장의 출처는
저 바람과 해류에게 물어야 한다

로프 모니터 야구장갑 노란 오리 파란 염산통 쪽지가 든 표류병 추락한 비행기 무지개 샌들……

보도블록과 하수구를 흘러 북태평양의 무풍지대에 이른
도시의 부유물들이
잘게 쪼개져
플라스틱 플랑크톤 대륙을 빙빙 돌리고 있다

내가 해를 바로 보지 못하고
그 거대한 환류의 소용돌이에 휩쓸리는 것은
바닷새와 무관하다

내 방이 볼러스*로 산을 이루었다

몸부림칠수록
그물이 숨통을 조여온다

---

* 볼러스(bolus) : 소화 안 된 음식을 토해내는 것.

조 블랙

이층 긴 복도를 지나 왼쪽 5번 방
거기서 조 블랙을 만났다
생전 처음 사랑 때문에 맺힌 눈물의 질감을
손끝으로 가만히 비벼보는
조 블랙의 눈물은 피넛 버터 맛일까?

조 블랙은
샘 블랙이나 윌리엄 블랙, 찰스 블랙이 될 수 없지만
블랙은 항상 블랙이어서
조 블랙의 꽃다발은 안개 속에 묻힌다

밀폐된 방
소파는 더럽고
환기통은 고장 났지만

나를 위해 거듭 몸을 바꾸어 태어나는
나를 위해 청보랏빛 눈동자 속을 열어 보이는
오직 나만을 위해 살아 움직이는 조는

죽음을 복제하는 자, 남의 육체를 뒤집어쓰고
영겁의 옷을 벗기는 자

나올 때
내 몸은 붕 뜨는 느낌이었다
조 블랙이 나의 블랙을 데리고 푸르른 정지 화면 속으로 사라
진 것
나는 블랙이 그렇게 큰 부피를 차지하는지 몰랐다
어두컴컴한 동굴 속에서 나는
블랙, 블랙, 외쳤다

조 블랙이 위례성 방향
버스를 기다리고 있다

솔잎땀

아궁이 속에 들어가 부너미 고르는 당신을 배웅하며
독 짓는 늙은이가 떠오른 건
어깨가 너무 쉽게 구멍 속으로 사라졌기 때문이지

벗은 상체에 잿빛 조왕신 그려 빠져나왔을 때
비로소 하얀 입김을 토했지

쩍쩍 금 간 벽 황토 붓 칠해 바를 때마다
짚에 버무린 햇볕, 목련 터지는 소리가 났지

풍경의 맨 꼭대기
당신은 여기 한 채의 슬픔을 건축하는 중일까
그 슬픔에 얼기설기 집을 입히는 것일까

뒤틀린 관절을 펴고 숨도 모르게 침엽으로 고요하려고
짙은 팔뚝이 세운 당신의 고원은 아름답겠지

장작불 괄게 지펴 솔잎, 약쑥 이불 덮고

말벌집처럼 딴딴한 마음 송령(松靈)으로 기화시키라고
빈말처럼, 같이 기화하자 했지

그렇게 살고 싶지만 그렇게 살 수 있을까
시퍼런 산소를 들이켜는 해발,
전기도 없는 여기서 바람의 심장 뜸들이며 그렇게 살 수 있을까

혼자 짓는 흙집은 백 년여 공사 중

당신은 구멍 숭숭 뚫린 황색의 관념과 노는 것 같고
고라니 노루 구름이 주춤거리고
영원히 공사 중인 나의 생각도 주춤거리고

미림산(美林山)

휘리릿 휘파람새의 노끈 같은 소리를 따라
불이 능선을 넘어갔다
집 어름, 흰 연기가 환영처럼 일렁여
사내는 고개를 뛰어올랐다

푸걱푸걱 멧돼지가 튀고 뚱딴지가 타고 명아주가 울었다
생가지를 꺾어 불을 때렸다
계란으로 허공치기였다

사이렌 소리가 산과 공중을 요괴처럼 할퀴는 동안
화귀(火鬼)는 숲을 먹고 숯을 토했다

불 지른 이 없는 불,

아름드리 사내의 가문 마음이 가문 뿌리에 부딪쳐
화염 덩굴로 피어오른 걸까

아슬아슬, 한 채의 오두막 주위로

녹색의 요람에서 쫓겨난 밑동들 잿더미 돌멩이들
누군가 툭, 쳤다
사내의 더벅머리에서 탄내가 났다

스푸마토*

새일까 바람일까
초록일까 호수일까

이곳엔, 색이 넘실댄다

미소가 입술의 지느러미로 흐너지고
비탈이 달의 잔상이 되는
이곳은, 몰(沒)의 영역

빛을 다룰 줄 아는 자라면 누구나
어둠과 밝음의 경계를 무너뜨리고 싶은 것
그 경계에서 생겨나는 피안의 지문을 더듬고 싶은 것

내가 없었다면
진주 귀걸이, 모나리자, 성(聖)가족도 외로웠겠지

나는 굴절, 혹은 왜곡이 창조해낸
몽유의 원근법

자신의 골격을 무너뜨리고 기체 속에 잠드는 빛의 자세다

윤곽이 소점(消點)도 없이 사라질 때
두 개의 내면은
다른 세기를 통과해간다

---

* 색을 미묘하게 변화시켜 색깔 사이의 윤곽을 명확히 구분 지을 수 없도록 자연스럽게 옮아가도록 하는 명암법.

회전하는 무초

완두콩 분(盆)을 서너 시간 눕혀놓은 후
냉동고에 잠재우고 사흘 지나 햇빛 속에 세워놓으면
풋비린내 나는 줄기가 누워서 자란다

뿌리의 원형질이 누워 있던 자세를 기억한 것

나는 왜 자꾸 옮기는가, 내가 누워 있던 최초의 꼬투리가 애초의 냄새와 질감을 기억하고 찾아다니는 걸까, 바닷바람에 밀린 호흡과 흰 숲의 검은 히말라야시다에 던진 운율이 왜 귀를 맴도는가 이 의자, 이 골목, 이 소읍의 태양 아래 저물던 황혼을 흠향하는가

무초(舞草)가 음악에 맞춰 회전하고 있다
고양이 수염 같은 생식기의 유혹, 춤도
최초의 꼬투리가 그리운 버석거림인지도 모른다

메꽃은 정오에 피고 수련은 다섯 시에 진다
나는 정오에 깨어나고 다섯 시에 잠든다

>

머리를 박고 거꾸로 서서 성기를 전시하는 이상한 종족의 주기율, 미모사가 잎자루를 떨어뜨리듯 팔을 떨어뜨리고 극히 엷은 희망의 실도 가시박처럼 감아 올라가는 이상한 근친이 흉부를 물들인다 튤립 가등이 켜진 거리에서 물비린내를 그리워한다

가을 애인

너를 사랑하는 일은
태양에 귀걸이를 다는 일
너를 이해하는 일은
샤론나무의 질감 속으로 걸어 들어가는 일

박동이 필요하다 석류를 위해
더 많은 D, 더 많은 누수를 위해

씀바귀 코스모스에게

한생을
얇게 떠 있구나

짧아진 햇살 당겨
허리에 금빛 문신 해줄게
시곗바늘 따윈 부러뜨릴게

누런 흙에 대한

모호한 애착,
모호한 기분으로 모호한 읊조림으로
천천히 흔들리다 가렴
가을이니까

씀바귀를 꺾다가
끈적한 것을 발견한다

세계가 흰 피로 이루어져 있다니!

모노드라마

나포 십자들을 자루에 묶어 달아나다

제방 아래 툭, 풀어헤치는 가창오리 떼

먹빛 고기비늘로 너울 치다 은하수로 흩뿌려지고 부메랑으로

되돌아오는 허공의 모노드라마

저 천상의 유전자 근원은

쌍안경 만 배의 배율로도 보기 어려우리

누가 신의 성대 어디쯤 빈 뼈의 박동을 꺼내올까

누가 석양의 캔버스에 찰나뿐인 점묘화를 그릴까

탐조객의 풀피리, 무논이 어루만지는 망망한 그림자 붉은 하구

제2부

장엄하게 점점 희미하게

신라 왕릉 보러 가는 길
동행한 친구의 말투를 따져 묻던 택시 기사가
40년 전 교실에서
친구의 동생의 친구와 짝꿍이었다

처음 본 기사와 나는
세 사람 건너 아는 사이였던 것

균일한 집단이 제한 없이 다양한 관계를 맺고 있다면
여섯 사람 건너
지구의 모든 사람들 하나로 연결된다는
작은 세상의 네트워크

런던 은행가와 케냐 찻잎 따는 농부가
니제르 족장과 하롱베이 사진사가 아는 사이고

문어와 코뿔소가 울새와 맨드라미가
다슬기와 염소가 지렁이와 나의 피톨이 섞인

피의 교향악

엑스트라는 없어요
익명이 있을 뿐이죠

헤아릴 수 없는 산 것들 죽은 것들 비명과 희열, 얽히고설킨 이 거대한 거미줄 망에 걸린 사소한 입자들을 이슬로 읽을 것인지, 미처 소화되지 못한 키틴 점자(點字)로 읽을 것인지

너는 m
나는 ㅅ

　　하 늘 하 늘
　　　　흔들리다가

네 허파 속
나의 원소를 툭, 건드려보다가

그물코 한 오라기 뽑아 검푸른 밤의 미궁 속으로 날려 보낸다

너로부터 아득해진 시커먼 계단 하나가
장엄하게
점점 희미하게 혜성처럼
흩뿌려진 은하의 먼지 속으로 사라진다

별을 띄워 보내고
물밀듯
밀려오는 별

물에 씻은
자화상

가장 조용한 죽음

몽골에서
양 잡는 것을 보면
사람 둘, 짐승 하나가 사랑을 나누는 것 같다

한 사람은 뒤에서 양을 꼭 껴안고
한 사람은 앞발을 잡고
명치를 찔러
애인의 가슴을 움켜쥐듯 심장동맥을 움켜쥐고
가장 고통 없이 즉사시킨다

내가 너를 죽이는 것이 아니라
네가 나를 살리는 것이다

속삭이는 주인의 품에 폭 안겨
양은 한마디 비명도 없이
커다란 눈만 껌벅이고 있다

하늘의 솜다리꽃이

하강한 양

초원의 말발굽에 밟혀 진동하는 꽃향기처럼
제 몸 냄새를 들판에 퍼뜨리지만
에튀겐*에게 피 한 방울 묻히지 않고
조용히 별로 돌아가는
아름다운 환생을 지켜보는 것 같다

* 몽골 대지의 신.

산호와 시멘트

바다 속으로 한 떼의 군중이 배달되었다*
포장도 없이
크레인에 매달려

황금으로 치장한 도시, 사라진 무(MU)의 시민이
석조와 실리콘으로 재생하여
칸쿤의 바다 속으로 흘러든 순간

수몰의 비명을
서로를 향한 출렁이는 푸른 침묵으로 바꾼

우울한 수중 데스마스크들
틈으로
빌라를 짓는 물고기 떼
시멘트 입과 옷자락, 화분과 티브이
식빵 같은 구멍들마다 빛의 촉수가 자라나

눈처럼 쌓이는

산호의 눈들
낯선 어족이 가꾸는
푸릇푸릇한 푸성귀들, 오채(五彩)의 정원

황무지 바닥에
광합성으로 그려낸 시간의 형상이
집단적으로 아름다운

물고기와 바다
모든 나라의 어머니

어룽이는 시간이 흐른 후,
물속에 오래전 두고 온 제국을 건설하는
이 산호의 발원지가
사라진 대륙의 사라진 종족인 줄을
아무도 알지 못한다

---

* 제이슨 드카에 테일러의 해저 전시 조각 작품 〈조용한 진화〉에서.

파파피네

창조주가 천국의 바위를 던져 만든
폴리네시아 섬에는
세상에 없는 피조물이 살고 있지요

에메랄드 하늘과 바다
초록에 키스하기에
단 두 개의 성(性)만으로는 부족해

여자이면서 남자인 인간,
신을 쏙 빼닮은
파파피네를 만들었지요

파파피네는 가슴에 꽃목걸이 드리우고
파파피네는 출렁이는 둔부로
파파피네는 불가사의한 생을 춤추고 노래하지요

열대의 먼 여행길
배낭에서 슬픔이 묻어나오면

마나(mana)와 조개껍데기와 놀고 있는
파파피네를 찾으세요

플루메리아 피어난 머리카락
꽃무늬 프린트 치마를 펄럭이며 모래밭을 서성이는
피파피네를 포옹하면

신성한 힘과 아름다움이 무한 수렴되지요
파도처럼 나침반처럼
잃어버린 세계가 일렁이지요

백야(白夜)의 해를 꺼낼 수 없듯

북극곰이 찾아오면 어떡하나
북극곰이 문을 두드리면 무얼 주나

연어도 잡을 줄 모르는 어린것에게
배고픈 북극곰이 먹은 북극곰이
네 어미라고 어떻게 말하나

유빙 너머 설원, 흩뿌려진 핏자국이
어미가 너를 부른 마지막 흔적이라고 어떻게 말하나

슬금슬금 제 집처럼 찾아오는
나를 어미로 착각하고 싶은 곰에게
순록의 앞다리쯤 던져주고 싶은 어수룩함을

얼음 수평선 같은 야생의 계율을 어떻게 하나

홀쭉한 눈에 어른어른한
동토의 허기와 상실을 어떻게 뿌리치나

>

자기(磁氣)의 휘파람 오로라처럼
길들일 수 없는 악몽처럼
어찌할 수 없는 야수,

백야의 부드러운 해를 꺼낼 수 없듯
슬픔 속 뿌연 야생을 꺼낼 수 없어

나는 긴 작대기로 땅을 두드려 곰을 돌려보낸다

비닐 천사

퇴근을 서두를 때
불쑥, 꿈꾸는 듯한 표정으로 들어왔지

뜨거운 물 한 잔 줘!

더러운 종이컵을 내밀며 명령했지

머리에서 발끝까지 휘휘 두른 비닐 천의(天衣)가 눈부셨지만
까만 손금의 미로에 나는 하녀처럼
물 한 잔을 내려놓았네

촛대처럼 쥔 커피 믹스 한 봉을
탈탈 털어넣고
그녀는 오래오래 커피를 마셨지
마치 약속한 천사를 기다리듯

시든 잎 따줄게!

입구의 제라늄, 떡갈고무나무들을 탐색하던 그녀는
누런 잎을 따고
떨어진 이파리까지 찬찬히 주워
빈 컵에 소복하게 담았지
마치 그 일이 무척 쓸모 있는 일이라는 듯

나는 광기(狂氣) 속에 깃든
깐깐한, 그러나 훼손된 평화의 일순을
숨죽이며 지켜보았네

12월의 겨울은 일찍 저물었지

슬픔을 데리고 나가듯
그녀는 종이컵을 움켜쥔 채 말없이
혹한의 바람 속을 펄럭펄럭 걸어나갔지

얼음처럼 번쩍이는 지느러미는
어스름 속에 너무 쉽게 녹고 있었네

카르투지오 수도원

한 컵의 물
한 덩이 빵이
시간의 구멍처럼 깊어지는 곳

돌들과
천년(千年)의 영혼이
조용히 스쳐 지나가며 동거하는 곳

아치형 천정에 깃든
햇빛의 침묵
계단을 오르는
그림자의 침묵
그레고리안 성가의 침묵

어떤 명령이 혀를
저토록 단단히
묵상의 나무에 묶어둔 것일까

두절의
높은 서약,
해발 1,300미터

신을
애걸하지 않아도
드러나는 곳

홀로그램

투명 스크린을 뚫고 나간 빛의 눈속임도

두 눈 사이 거리에서 태어나는 찬란,

펄럭이는 저 피라미드

영혼의 과잉, 물질이라고

슬쩍 힌트 주는

어느 별의 빗장뼈인가

어느 빈혈의 프리즘인가

360도 어디서나 뭉갤 수도, 혈청을 이어붙일 수도 있을

모래알 지구의 증강현실

손전등으로 허공에 미노타우로스를 그린 사람이 있지

확실한 꿈과

찢어진 신문지가 나뒹구는 불확실한 삶 사이

거리에서 태어난 여기는

누가 그린 손전등 불빛인가

녹는 비너스*

녹는 비너스를 알고 있습니다
무수히 젖은 손들이 스쳐 매끈해진

미지의 허기가 느껴지신다면 머리를
안으로 빨려 들어가는 혀를 붙잡고 싶다면 입술을
누군가 그립다면 가슴을
살살 문질러주세요

안개 같은 거품이 일어날 겁니다

명상의 습관으로 부드러워진 그녀의 상앗빛 상념들이
때와 우울을 물고
어둔 관을 타고 헤엄쳐 저 먼 별의 궁창으로
쪼르르……
사라지는 것을 목격하실 테죠

언제부터일까요

오물을 움켜쥐고 향기롭게 닳아 없어지기 위해
냄새나는 이 비좁은 곳에
수굿이 앉아 있는

당신은
그녀의 명상을 완성하는 사람

지금, 화장실을 나서는 당신이
아름다운 이유입니다

---

* 신미경의 비누 조각상 〈Translation〉, 리움미술관 화장실 설치.

고양이 키스

난폭해진 고양이를 길들이는 법

소리 죽여 눈을 맞추세요
천천히 감았다 뜨세요
캬르릉거리며 에나멜 태양 같은 두 눈을 번쩍거려도
포기하지 마세요

한순간, 당신 눈을 후벼
주린 피의 약탈을 감행할지 모르니 방심은 금물

캣민트, 로즈마리, 바질 향으로
새와 사자를 묻은 예민한 몸을
혼곤하게 적셔놓는다면 금상첨화

조금씩 조금씩 거리를 좁혀 앉으며

결코 길들여지지 않는 야생의 본능에 집중하다보면
어느 순간, 당신과 눈을 맞추고

천천히 동그란 눈을 감았다 뜬답니다

짜릿한, 고양이 키스

내 마음을 열어주겠다는
이제 나를 만져도 좋다는

당신의 끈기와 주문,
내밀한 밀착에 대한 수락이지요

둥근 밤의 패랭이꽃 같은 초원의 미풍 같은
그들만의 예법, 아니 사랑법입니다

눈의 전화

하얀 벌판에서
하얀 핸드폰을 잃어버렸다

모래밭에서 바늘 찾기와
눈밭에서 희토류 찾기가
다른가, 같은가

핸드폰을 빌려
푹푹 무릎 빠지는 눈의 바다로
전화를 걸어보아도
애타는 진동음을 포근하게 덮으며 눈만 내렸다

점점 무거워지는 찬 이불을 뒤집어쓰고
여기, 백야(白夜)의 어느 구멍에선가 부르르 떨고 있을 나
전달되지 않는 음역을 원망하며
쉼 없이 액정 화면을 깜박이고 있을 나

드넓은 벌판을 맴맴 돌다 지쳐 돌아가는 걸음

쌓인 눈 속에서
보일 듯 말 듯, 푸르스름한 빛을 건져 올렸다

눈이 푸른빛을 쥐어짜 내게 전화한 거였다

더미(Dummy)

하나의 얼굴
하나의 직업에 종사한다

센서로 꽉 찬 내부는
그대와 흡사한
질량과 가속도와 비례와 비릿한 석유의 자식

정면충돌 측면충돌 후면충돌 공중충돌……

희생과 좌초의
다양한 충돌 실험에도
일체 비명 따윈 지르지 않는다
유리를 산산조각 내며 튕겨나가 박살나도
말끔히 조립되는

남자 더미 여자 더미 임산부 더미 태아 더미 더미 더미 더미들

나의 동공에서

영혼 따위를 읽는 자는 없지만
절대 죽지 않는

한번쯤, 울고 싶은
몸뚱이

조난

솔밭공원을 산책하고
우리는 땀 흘리며 선지와 도가니를 먹는다
흙길 위로 빗방울이 떨어진다

누군가 예닐곱이 둘러앉아 밥을 먹는 이 풍경의 기시감을 이야기하고
누구는 자메뷰(jamais vu)를
누구는 전생을
누구는 어머니와 누이와 애인이 하나인 꿈을
누구는 오줌 싸는 꿈 때문에 죽겠다고 한다

하나의 전생이 모두의 전생 같고
모두의 통속이 하나의 통속 같은
이상한 오후

홍건한 불빛 위로
외투와 장화의 묘지들이 뿔처럼 돋아나는 거리

비린내 나는 대기에 둘러싸여
커피를 마시며
우리는 어디로부턴가 조난당한 이 휴일을
위로하듯 스산하게 모여 앉아 있다

맹렬히 퍼붓는 비의 화면을
갱지처럼 뚫고 사라지는 사람들

각인

산비탈을 급히 내려가다
샘을 핥던
고라니 새끼의 동그란 눈과 딱 마주쳤다
놈은 펄쩍,
뛰어오르더니 물가에 나동그라졌다
고요한 숲이 쿵! 흔들렸다
애처로운 연노랑 배를 버르적거리다
칡덩굴과 엉겅퀴 사이로 쏜살같이 사라졌다
놈은 어디에 가서 울고 있을까
산중턱에서 꺾인 낙엽송을 밟고 선 짙은 갈색 몸집이
어미인지도 모른다
젖내 나는 다리 사이로 기어들어가
인간의 눈빛과 맞닥뜨린 사태를 낱낱이 고할지도
중심을 잃고 허우적거린 찰나의 공포를
긁힌 털가죽 깊이 심어 넣었겠지
그 씨앗 같은 눈은 더욱 검어지고
내 눈은 더욱 더듬거리겠지

제3부

신례원

열차에서 내린
물빛 원피스는 낯설었지
너는 익숙한 수조
익숙한 음향에서 떠돌았지
처음 와본 시골 역
하얀 길을 무작정 걸어
지루한 호스가 뱀처럼 기는 허름한 카페
커피를 두 잔째 주문하고
나는 먼 지평선의 중독,
소멸에 대한 중독을 생각했지
너는 엉킨 테이프를 쭉쭉 펴고 있었지
물앵두 그림자 어른거리는 너의 편린,
사과 잎이 마르고
이끼 낀 화분에 앙금처럼 가라앉는 고요
막다른 벽에서 회유하는 물고기들이
치렁한 초록 나뭇잎 사이를 헤엄쳐
커다란 저수지로 스며드는 것을 보았지
작은 역, 다시는 지나갈 수 없는

제니의 스카프*

제가 자랄 때까지 기다려주시겠어요?

하얗게 접힌 시간을
수도원 치마 주름처럼 스릇 스릇 펼치는 제니

일곱 살, 열두 살, 스무 살로
눈 온 벤치에서
똑같은 당신을 만날 거예요

난 눈 장난을 좋아하지만 아이는 아니에요
난 사랑이
저 지상 끝 불빛이라는 것을 알아요 애반,

제가 다시 태어날 때까지 조금만 기다려주시겠어요?

포세이돈의 성난 말이
놋쇠 말굽으로 하늘을 짓치고 바다를 쏟아내는 날
난파된 배가 맴도는

캄캄한 저 아래
쪼개진 달의 눈물로 만들어진 포말 속에서
나는 다시 태어날 거예요

홀연히 사라지지 않는 아이로
폭풍우 속 실종이 두렵지 않은 처녀로

그때 거기 계실 거죠?
당신이 그린
사랑과 적멸의 눈부신 통로인 제 그림 속으로
데려가실 거죠?

여기, 물에 젖어도 젖지 않는 스카프를
약속으로 남겨놓을게요

---

* 영화 〈제니의 초상〉(1948)에서.

소리 없는 바이올린

배와 함께 기울어지던 8인조 밴드
악단장의 시신(屍身)에
끈으로 묶여 떠오른 가죽 케이스

약혼녀가 선물한 악기
북대서양 심연에 수장시킬 수 없어
열흘 만에 수심 4킬로의 파도를 차고 오른 하틀리*

신도 침몰시킬 수 없는 배는 두 동강이 나고
키와 프로펠러는 교령술사의 예언처럼 흐르지 않는다

Nearer My God to Thee
Nearer My God to Thee

심연의 악력이
검은 손, 푸른 입술을 끌어당기는 물의 아수라

바이올린은

들숨과 날숨의 격실에서
울부짖는 사람들을 실어 나른 단 하나, 빛의 구명보트

여행은 매번 시작이다

빙산에 가로막힌 절대 고독에서 허우적이는 당신을 위해
울컥이는 악기는
캄캄한 수압을 문지르고 파도의 속살을 뜯으며
소리 없이 연주하고 또 연주한다

가장 깊이 자신을 버린 자의 아름다움으로

멸망과 집착, 겹겹 혼돈의 지문을 맴돌다
비밀의 틈으로 떠오르는 영혼

언 심장을 녹이고 거신족의 눈물로 씻어
여독을 잠재운다

＊침몰한 타이타닉호에서 탑승객을 위해 마지막까지 연주한 월리스 하틀리.

스튜디오

커다란 조명과 스크린
플라스틱 꽃과 병풍, 빗과 거울, 앤티크풍 의자……

캄캄하고 눈부신
진실도 거짓도 아닌
불가해한 냄새가 배어 있는

기이해, 여기선 모든 게 딱딱해져
근육도 옷도 날리는 눈도

여기 보세요, 잠깐만요
고개도 미소도
자연스럽게

이건 당신의 푸름 한 겹을 베어내는 외과술

에테르의 쉴 새 없는 흐름에 태클 거는 일

질펀한 환영 속에서 녹지 않는 눈송이를 훔쳐오는 일

아름다운 배경을 빌려
두 손을 가지런히 하고
수줍어하는 동안
번쩍이는 죽음은 찰나에 당신을 베낀다

어느 모퉁이에서 다시 만날 수 없는 당신을
당신은 낯설게 배웅한다

당신을 꺼내도 되겠습니까

더, 더 희게

더, 더 가벼이

입술 깨물고 호기심으로 달려가는 무인칭들

꼭꼭 뭉쳐 던지면
떨어진 곳에서 눈사람이 태어났지

코코넛에 영혼이 있다고 믿어 쪼개기 전
당신을 먹어도 되겠습니까?
허락을 구한 피지 섬사람처럼

당신을 꺼내도 되겠습니까?

아주 잠깐 허수아비였다가 물이였다가
하늘 창(窓)을 떼어들고 투신할 당신

내가 얼마나 타버렸기에
내가 얼마나 눈멀었기에
그토록 느닷없이 공간 가득 몰려오는가, 촘촘한 영혼이여

이해할 수 없는 것을 이해하기 위해
미혹을 자동기술하기 위해

당신을 먹어도 되겠습니까?
당신을

줄타기 광대의 전설

까마득한 곳에서
자동차가 오후의 타이프가 숨 가쁘다

세상의 모든 소리가 감미로워지는 높이

하늘 전체가 흔들거려
무심한 발놀림으로 눌러둘 수 있을까
무심하게 줄 위에 누워 출렁이는 초원을 꿈꿀 수 있을까

환영처럼 주저앉을
그라운드제로, 빌딩 사이 묶인
한 가닥 햇빛에 의지해 건너야 할 그리움이 있다

첫걸음을 떼자,

불과 먼지와 돌
켜켜이 덮인 중력이 녹아내리고
인간이 사라진 뼈의 대칭만 남아

무심코 올려다본 행인들 어, 입을 틀어막는다

부르르 떠는 기류의 각도에 날개를 맞추며, 반짝이며
정중히 한쪽 무릎을 꿇고
천상의 거울 반대편으로 인사를 건네는
검은 새 한 마리를 보았다, 본 듯했다

말들이 뛰노는 바닷가에

말들이 뛰노는 바다에서
말들을 쫓는 젊은이를 사랑했네

바다는 흰 말들을 풀어놓고 철썩철썩 때리며
후미진 바위 깊숙이 말들을 몰아갔네

고삐를 빙빙 돌리며 나는 듯 달리는 젊은이를 사랑했네
고삐를 씌우고 말의 등에 올라탄 벌거벗은 소년을 사랑했네

햇빛 휘감아 하나 되어 달렸네
말들은 열 갈래 만 갈래 갈라지며 바다의 푸른 맥을 보여주었네

물속에 잠겼다 튀어 오르는
싱싱한 청어 두 마리

헉, 헉, 노을 뱉으며 끝없이 달리는 말
젊은이는 고삐를 조여 말의 목을 비틀었네

말은 울고 날뛰고 다리를 꺾었네
하얀 모래로 덮었네

바다와
흰 말들뿐인 해변에서

울부짖던 핏빛 아가리처럼
석양이 두 손을 붉게 물들였네

히힝거리며 말들이 달려와 말의 묘지를 핥고 갔네
히힝거리며 말들이 달려와 말의 묘지를 핥고 갔네

말의 무덤을 파냈을 때
말은 없고 하얀 거품만 남아 있었네

말들이 뛰노는 바다를 바라보다
젊은이는 흩날리는 갈기를 향해 꿈꾸듯 걸어갔네

광시(光視)

미간으로 햇빛이 골을 판다
미간으로 낙엽이 굴러든다

나비를 잡으면 회절하는 나비 떼

숲을 거느린 머리카락
오디 입술
수액이 증발하는 너의 배후로

유리체가 녹아 유리조각을 빚다니
유리체가 녹아 사스레나무 껍질을 날리다니

가뭄을 견딘 망막이 당겨진다

거기, 찌릿찌릿한
네가 서 있고
흑점이 모아져 눈물 난다

번지는 작약, 은색 홀씨
플래시 터뜨리는 이 세계의 빛 부스러기들

이 어지럼증, 칠흑 세계의 잔상들
찡그리며 찡그리며 웃는
이 눈부심

바이칼에 새긴

일망무제 타오르는 분홍
노을의 첫 마음, 만년설의 고백

돌에 이름 새겨
바이칼 투명 깊이 던져 넣은 이 있으니
최후의 한 방울까지 바이칼은 소년의 첫 마음으로 저리 붉으니

그날, 빽빽한 자작나무 숲 사이 문득 마주친 곰도
백화피(白樺皮)를 긁던 주머니칼을 떨어뜨리고
얼어붙은 너의 표정을 기억하겠지

비뚤게 새겨진 이름은 수피에 돌돌 감겨
은빛 자작나무 되었으리

바이칼을 향해
의심 없이
목질의 눈을 뜨고 서 있으리

민물이 담긴 뭍일 뿐인데
영원히 발굴되지 않는 이야기가 있다

어느 날 가을은
살얼음 언 호수로 천천히 걸어 들어가
어둡고 차가운 바닥에 떠도는 돌 하나를 건져 올린다

밑 모를 수심에 가해진 네 팔의 관성이 박혀 붉은

어안(魚眼)처럼 태허의 비밀과 사랑의 전모를
만곡으로 끌어안고 있는 돌을 꼭 쥐고
흡, 흡, 숨을 참으며 떠올라
내 앞에 가만히 펼쳐 보인다

축축한 작은 심장을

분홍 관

잘린 유방에서 뻗어 나온 암세포 덩굴이
간으로 자라나자
그녀는 장례식을 준비했다

한 친구는 나뭇결 고운 수면 상자를 짜고
한 친구는 분홍 유방들을 그려주었다

리허설이 필요해.
뚜껑을 닫자 화려한 유방 30쌍이 지배하는
말랑하고 포근한 어둠

분홍 관은 어머니

주렁주렁 둥근 열매에 악몽을 부비고 즙을 빨면
통증 없는 차원으로 다시 낳아줄 수 있나요?
두 개 태양의 젖가슴으로 다시 일으켜줄 수 있나요?

종양과 암흑을 버무려 비눗방울로 만드는 어머니

홍등 같은 천국을 흘러 다니는 동안
분홍 양수가 스며

살갑게 들어앉은 죽음
빈 가슴,
빈 숲에 도는 뽀오얀 젖이 환히 보인다

분홍 관은 유실물 보관소
애초에 지녔던 것들이 거기 있다

모조왕

아마르나
나의 공주
기원전 상앗빛이여
장신구여
은그릇이여
천의무봉 목신(牧神)이여
어느 누가 이토록 정교하게
변화된 화풍,
시대의 먼지까지 재현할 수 있나
수천 년 색의 비밀을
큼큼 삭혀 전시할 수 있나

나의 목적은 체포당하는 것
체포당하여
진짜보다 더 진짜 같은 나의 솜씨
하늘 아래
결정적으로, 드러내는 것
희박한 생을

빛 부신 미래로 소환하는
창조의 바벨탑을 스스로 허물고
가젤처럼 걸어 내려오는 것
그리하여
설형문자 철자 하나 삐끗하여
이 아름다운 사기술을 완성하는 것이다

낙엽차

낙엽, 낙엽 속에 파묻고
홀연 등불 켜고
빛바랜 얼굴 들추어 보았는데

미친 마음
미련한 황홀 따위
낙엽 속에 파묻고 으스러뜨렸는데

단단한 허공에서 뜯겨
쏟아져 내리는
노란 먼지 속, 뒹구는 이파리 몇 잎 주워
팔팔 끓여 마시면
우울증이 확 풀린다는데

세상에서 제일 쓸쓸한 차가
세상에서 제일 쓸쓸한 병의 즉효라니요

낙엽 때문에 앓고

낙엽 때문에 헤매다닌 몸
낙엽이 맑게 우려 일으켜주네요

양지꽃

언 화집을 뚫고 올라오는 노란 양초

심지 불빛, 속이 비치는 밀랍은
지난봄 칠한 안료를 녹여 바른 것일까

빨간 열매 독을 키우며
뱀처럼 땅을 기는 뱀딸기꽃과 혼동하여 지레 피한 기억

풍문을 유목하고

줄줄이 딸려나온 촛불이 얕은 수풀에 붐빈다
무릎 근처 엄지 검지를 간지럽힌다

관성처럼, 날아온 침술사가
대침을 찔러 빛 알갱이들을 빨아먹는다

제 몸을 덥혀 노란 촛농을 쏙쏙 낳으려고

제4부

위니
— 아이티

쑥!

무너진 잔해 더미에서
삼일 만에 꺼냈을 때
쏟아지는 빛에 놀란 아기, 울지도 않고

재와 무지개
신(神)과 고름으로 이루어진
이 변화무쌍한 지구에 이제 막 도착한 듯
퀭한 눈, 바스러질 듯한 가슴
뜨겁게 안아 든 나 이제 막 태어난 듯

어리둥절한 너, 우는 나

아이티

쿠키를 주세요

소금과 마가린 바삭바삭한

더부룩한 꿈을 주세요

흙 심장 흙 관절로

벽이 바닥이 되고 지붕 위로 도로가 포개진

아수라장 속에서도 불멸토록

쿠키를 주세요, 진흙 쿠키를

피 흐르지 않는 진흙 살을 주세요

눌리면 눌리는 대로

갇히면 갇히는 대로

한없이 접혔다 저절로 펴지는 안테나 같은

기억합금 육체를 주세요

두 배로 올랐다구요?

진흙 날개 위로

차라리, 화분을 주세요

베란다를 주세요 옥상을 주세요

더, 더 많은 노란 하늘…… 퍼부어주세요

끝없는 이야기

바람 부는 벌판
보지 않아도 알 수 있어요

일시에 까만 강물에 휩쓸린 듯 헝겊을 뒤집어쓰고
억센 무리에 끌려

나는 흙 속에 항아리처럼 박혀요

갓 스물, 우린 박하향 가득한 설렘으로
햇빛 속을 걷고 있었죠, 단지 그뿐인데

지금은 나머지 반이 사라질 차례

돌이 날아옵니다
카인이 아벨을 죽인 이후
간음도 사랑도 이렇게 죽어갔죠

돌이 날아옵니다

어머니…… 어디 계세요, 아버지
길가에서 궁륭의 문턱이 갈라진 그도
지금쯤 모래바람에 펄럭이고 있나요

이 검은 피로 물든 헝겊은 알라의 수의 알라의 신음
막 사랑에 눈뜬 저는 지금 눈먼 알라의
깨진 항아리예요, 제물이에요

돌이 날아옵니다
그들이 던진 돌이 수북한 들판에서
나는 어느 여인의 피 묻은 돌을 맞습니다

이건 너무 오래된, 끝없는 이야기

죽어 살인자들에게 돌을 던질까요
아니, 그들의 피 묻은 천국에 꽃을 던질까요

믿음은 왜 모두 돌이 되는 걸까요

북극여우

희고 푸른
머리는

설원을 헤치던
하얀 발은

어디로 갔지?

앙증맞은 새끼를 꿈꾸다
박스에 포장된
아기집들

순백의 털 짓이기듯
형체 없는 미약(媚藥)들

그 혹은 그녀의 품속에서
은밀한 베개 속, 장롱 밑에서

납작한 툰드라
극한의 꿈을 꾸는 생식기들

폭풍과 모래알
쩍쩍 갈라지는 만년빙이
뭉개진 선홍빛 혈관을 일으켜 부글부글 새어나올 듯

치명적인, 부적들

내년에 또 오너라

무럭무럭
흰 김이 빙원을 감싼다
새빨간 족적을 찍으며 너울너울 춤추는 여인들

해체된 살과 뼈 이빨까지 고루 나누자
동그마니,
턱뼈만 남는다

얼음 근육 같은
최북단의 소리를 매기고 받으며
에스키모들이 바다로 턱뼈를 민다

내년에 또 오너라!

합창 속에
어뢰 맞은 배처럼
천천히
바다의 틀니가 가라앉는다

>

고래는 자신의 최후가 우스꽝스러웠고 슬펐다
내년을 잊지 않으려는 듯
심연의 한 기슭을 어금니로 꽉 물고 놓지 않았다

이 날카로운 석고에 살을 보태려
청어, 청어 떼가 몰려온다

일렁이는 어두운 바닥
심장 쪽으로 피 알갱이들이 뿌리를 내리기 시작한다
베링해협이 팽창하고 있다

다라비*

냉장고를 열자 소녀

소녀를 열자 시바신

시바신을 열자 늪

늪을 열자 맹그로브 숲

*

녹슨 냉장고 문짝 달린 작은방
수줍은 분꽃송이들

뒤범벅으로 흘러 흘러들어온 세상 찌꺼기
두드리고 빨고 닦고 조여
싱싱하게
백주의 전장으로 돌려보내는

지구의 거름종이,

저 걸친 것 없는 에너지!

쓰레기 바다 위 연둣빛
맹그로브 이파리들

---

*인도 뭄바이의 대표적 슬럼가.

인도 소년

낙타가 끄덕끄덕

고삐를 잡은 열두 살 소년도 끄덕끄덕

모래가 빨아들인 작은 체구

영원 전, 바람 속에 투신한 생

돈 벌어 낙타 한 마리 사고 싶어요

고행은 에르그에 찍힌 발자국처럼 없어질 거라고

선인장이 쌕쌕거리며 숨을 몰아쉬는 동안

풍경이 증발하고 남긴 하얀 잔해

모래 침상 모래 사원 모래 갠지스의 바삭바삭한 문을 열고 닫으며

>

타박타박 낙타 육봉 뿌리 근처로 자라난 딸랍,

한 마리 낙타의 주인이 되어

높푸른 별빛 명멸하는 천칭자리 주인이 되어

화순

그의 피가 뒷걸음질쳐 흉부를 찢어놓는 걸
고양이는 알고 있을까
그가 먹이고 산책시키는 고양이

화순의 태양 아래 화순의 시냇물에
쿵쾅거림을 멈춘 심장,
말갛게 씻어
고양이의 그것과 바꿔 끼울 수 있을까

혈관에 풍선을 불어
몇 개의 스텐트를 심어 넣는 동안
이승은 고양이를 유혹하려 골몰했네, 라라

쥐를 줄까
심장을 줄까

탐닉하듯 먼 여행의 흔적,
해독할 수 없는 주름을 각인해놓은 뺨

빨갛게 할퀴고 싶은
야옹이는 그를 산책시킬 수 있을까

라라처럼 훌쩍 담 넘어 가버릴
제 운명에 무관심한 초월주의자

피안의 길 위에 매화처럼 뜬

화순이 거기 있을까
고양이는 나를 안아줄까

라라, 누구의 고양이도 아닌 고양이

보바리 부인처럼 우아하게 앉아
시선은 책에 파묻은 그의 어깨 넘어
허영의 행간을 추월하다 화들짝 뛰어내리는 오후 두 시,

라라, 네가 본 것은
펼쳐 나뒹구는 책, 폐색에 이른 관상동맥
경련하는 태양, 흐린 손톱

출렁이는 녹슨 바다를 쉼 없이 투명한 포말로 뿜어내던
푸른 심장이
세 번 먼 여행 끝에 당도한 꽃밭

끝나지 않은 고해는 라라의 귀에 스미고
끝나지 않은 방랑은 라라의 미간(眉間)에 묻히겠지

내 닫힌 귀는 없는 목소리를 듣고
내 닫힌 눈은 떠도는 나비 무늬를 의심하지 않겠지

라라, 네가 갈 수 있는 가장 먼 곳까지 따라가, 그를

그리고 연기처럼 내 창에 스며
다보록한 털 속에
죽음을 꽃처럼 물 주어 기르던 그을린 미소
니코틴을 묻히고 돌아와

너는 어둔 그림자들의 신
누구의 고양이도 아닌 고양이, 라라니까

미풍으로 버튼을

흰 토끼는 종일 신문지를 쏠고
검정 토끼는 동글동글 까맣게 쌓아둔
제 뱃속 문장(文章)이 유일한 가구다

오물거리는 입이 같아서
둘은 붙어 있고 서로를 깨문다

선풍기 뚜껑이 창인, 비밀스러운 빗살 틈으로
주홍 무를 내밀면
똑같이 주둥이를 내민다

계수나무 이파리는 아니야
당근은 껍질까지 오래 씹어야 해

귀 기울여,
새들은 초록 덫에 걸려들지 않아

화농의 여름 농원

정(情)이 냄새로 끓어 넘치는 라면 냄비만 한 오두막
나는 미풍으로
가상의 버튼을 눌러주었다

묵음이 담긴
자물통이 녹아내리고
눈부신 세상 밖으로 나란히 외출하는 날을 꿈꾸는
흐린 눈, 흐린 귀가 넷이다

집에 가면 어머니는 길게 신문지를 찢고 있었다

명주

어머니 시집올 때 손수 베 짜온 명주
장롱 깊은 곳에서 꺼내
수의를 지어오라신다

붉고 푸르게 물들여 치마며 저고리 지어 입고 남은
너무 아껴 삼삼히 빛바랜 유적지를
훌훌 펼쳐
부은 몸에 대어보는 아침

꼭 맞는 치수라고
팔순 노모 수줍게 웃으신다

연지 고운 꽃철과 묘지가 한 폭이었다니!

살얼음 으깨며 공중에 뜬 미로를 헤매
명주를 한복집에 갖다주었다
스무날 후,

천금 과두 여모 습신……

퍼즐처럼 조각난 죽음
운명의 난자
그 일습 앞에 뻑뻑한 화석이 되어갈 때

쓰다 남은 천으로 언 몸 감고
저승에 시집가는 새색시가
눈 오는 바깥 풍경을 내다보더니 홀린 듯
사각이며 날아오른다

어머니를 보자기에 싸
한 손에 들고 나온다

아무도 모르는 우주를
나보다 멀리 배웅할
명주

산양

자작나무도 난쟁이로 자라는 수목한계선을 넘어
깎아지른 절벽을 오른다
눈 날리는 배후는
추락뿐인 양아,
둘로 갈라진 발굽이 없고
이끼 한 줌 악착같이 움켜잡을 며느리발톱이 없어
미끄러지기만 하는 나를
깃털구름 실어
로키산맥 꼭대기에 이르는구나
나는 너를 꼭 안고, 너를 타고, 너와 한 몸이다

길쭉한 흰 얼굴은
네 생이 겪는 이상한 벼랑을
나부끼는 긴 털은
방외인(方外人)을 은유하는 양아,

제겨디딜 곳 없어
긁어낸 돌 틈을 간지럽히는 엉거주춤한 구름

한 소절 두르고
백척간두에서
백척간두로
사면을 맴도는 금속성 부리 아래 무심히
우뚝 선 양아,

장마

온데간데없습니다

수십 톤의 소금을 소금 거품으로 만든 것은
비가 아니라
스스로의 노고를 백안시한
해 때문입니다

연이틀 허리까지 차오르는 물
황혼의 양수기로 뿜어 올려 서해 바다에 내버리고
어지럽게 뒤엉킨 흙빛은
그냥 질퍽하게 누워 있었죠

증발지(蒸發池),
바람의 여섯 계단을 엎지른 듯
소금창고를 엎지른 듯

녹아버리는 것이 무엇인지 보여주겠다는 듯
속절없는 광물은

백혈(白血), 염전의 한 호흡입니다

다시 물이 차오릅니다
신안군 임자도 갯벌 시커먼 점토에서 바다 깊은 곳까지
고해성사 하듯
짜디짠 해가 슬슬 녹아내립니다

공진(共振)

두드리는 이 없는 캐스터네츠 박자에 맞추어
무어인의 춤을 추고 있다

햇빛 속에 스러질 때까지

천지에
육각형을 주제로 무한의 변주를 아로새기는
물의 황금률

막 생성된
흰 벌집들의 세계로 걸어 들어가자
붕붕거리는 내면을 억누른 채 달려드는 고요

둥글게 뭉쳐
잇바디 차가운 생물을 한입 삼킨다

녹아들어라
진동하는 눈부신 환영들

내 피 속에, 내 텅 빈 두뇌 속에

하얀 벌판
빽빽한 별들의 무도회
나는 이 밤 눈송이, 눈의 한 패턴

결집된 욕망처럼 성스러운 포기처럼 얼었다 녹았다……

해설

'파파피네'의 노래

최현식(문학평론가 · 인하대 교수)

"여자이면서 남자인 인간"(「파파피네」), 사모아 지역 제3의 성. '파파피네'(Fa'afafine)에 대한 가장 간단한 정의다. '파파피네'는 동성애자나 트랜스젠더, 인도의 히즈라(Hijra)가 그러하듯이, 남녀 성차(性差)의 외부에 존재한다. 이때 '외부'는 이들이 비정상과 일탈의 무리로 차별될 수 있음을 암시하는 무서운 기호다. 물론 오늘날 저들의 '비정상'과 '일탈'은 오로지 소외와 배제, 혐오와 부정의 대상으로만 지시되지 않는다.

우선 동성애자와 양성애자, 트랜스젠더는 개인의 성적 취향과 욕망에 대한 미약한 존중 속에서나마 자율적인 소수자의 지위를 열심히 개척 중이다. 이와 달리 '파파피네'나 '히즈라'는 공동체의 원리와 전통의 일부로 일찌감치 제도화되어 집단의 안정과 지속에 긍정적 역할을 담당해왔다. 가령 거세 후 기복신앙에 종사하는 '히즈라'의 행태는 성별 전환이 종교적 공동체로 귀속하기 위한 차이적 성별화(聖別化)의 일종임을 말해준다. 한편 '파파피네'는 생물학적 거세 대신 성 역할의 조정, 이를테면 남성이 여성성을 내속(內屬)해가며 청소와 빨래, 아이의 양육과 노약자 보호 같은 전통적 가사에 종사한다. 아마도 '섬'의 협소함과 관련된 생산의 제약, 그에 따른 남성 역할의 분절이 '파파피네'라는 특이한 성별을 창출했을 것이다. 종교적 구원으로 성별의 강제적 전환을 보상받는 '히즈라'에 비한다면, '파파피네'는 특히 경제적 원리와 요청에 따라 여성성을 내면화한다는 점에서 보다 현실적이며 세속적이다.*

나는 지금 강신애의 새 시집 『당신을 꺼내도 되겠습니까』를 주유하는 중이다. 그런데 그 떠돎의 흥취와 내실은 제쳐둔 채 "세상에 없는 피조물" "파파피네"(「파파피네」)의 외연 서술에 골몰하다니……. 허나 너무 염려마시라. 고백컨대 나는 '파파피네'의 사전적 외연보다 그것의 아득한 내포, 그러니까 폭력적인 '팔루스'의 지배 속에 문득 솟아난 여성계/타자계의 맑은 심연에 빠져 있는 것이니. 시인에 따르면, "파파피네"라는('그들이 모여 사는'이 아니라!) 소도(蘇塗)는 "신을/애걸하지 않아도/드러나는 곳"(「카르투지오 수도원」)이다. "신을 쏙 빼닮"았고 "신성한 힘과 아름다움이 무한 수렴"(「파파피네」)되는 위대한 심미성의

---

*사모아인의 99%가 믿는 천주교·개신교에서는 남녀 양성만을 인정하는 까닭에, 실제로 파파피네는 종교의 타자로 소외되어 있다 한다.

존재들이니 그럴 수밖에. 요컨대 그들은 율법의 신이 아니라 포용/수렴의 신의 자식들로 거듭난 삶을 사는 존재들인 것이다. 따라서 그들의 현실적·세속적 성별 전이는 차라리 탈현실적·탈세속적 지평으로 초극되는 사태의 일종이라 말할 수 있겠다.

하지만 "파파피네"에 주어진 이상적인 윤리와 심미는 그것만으로는 "천연의 몽환을 포집하기 위"한 "백지"로 텅 비고 꽉 차지 못한다. "파파피네"는 "꽃에 묶인 상징의 색인을 펼쳐내고/후각의 팔레트에 비비고 섞"(「꽃, 상징사전」)는, "몸, 가장 멀리서 오는 지금 여기"**로 살게 될 때 드디어 "단 두 개의 성(性)만으로는 부족"(「파파피네」)한 다성(多性/多聲)의 존재로 해방된다. 그 오래인 또 오래일 '다성'의 길을 좇으며 "치렁한 초록 나뭇잎 사이"로의 "소멸에 대한 중독"(「신례원」)을 실천 중인 "순례자 K"(「순례자 K」). 그의 독백은 "잃어버린 세계가 일렁이"(「파파피네」)는 까닭에 "장엄하게 점점 희미하게"(「장엄하게 점점 희미하게」) 그가 노래하고 기리는 모든 것을 향해 조용히 소용돌이치며 격렬하게 스며들 수밖에 없다. 나의 글이 고독한 'K'의 순례에 대한 보고서이자 우리들의 거기에 대한 동참을 요청하는 청원문인 까닭이 여기 있다.

*

** 장 뤽 낭시.

자연인 '순례자 K', 그러니까 강신애의 몇 년 전 시적 답파를 되돌아보면, 「불타는 기린」(『불타는 기린』, 천년의시작, 2009)이 유난히 도드라진다. 이 텍스트는 살바도르 달리의 〈불타는 기린〉에 대한 개성적 읽기이자 내면적 재구축물이다. 특히 후자의 측면이 중요한데 과연 어떤 점에서 그러한가.

먼저 달리의 그림은 '불타는 기린'이 후면에, 여럿의 서랍을 몸에 단 여성이 전면에 존재한다. 양자는 무의식의 영토에 방사된 서로의 대체물이자 응시물이며 또 통합체이자 분열체로 보아 무방할 듯하다. 불과 서랍을 함께 지닌 또 다른 여성이 화면 오른쪽 뒤편에 서 있고, 여성들을 떠받치는 지지대의 형태가 기린의 모가지를 닮아 있기 때문이다. 서로 연관되나 하나의 형상으로 통합되지 않는 대상(주체)들의 자율성과 차이성에 강조점이 찍혀 있다고나 할까. 달리의 편집광적 무의식과 그것의 파편적 노출이 돋보인다는 말은 그래서 가능하다.

분열과 통합을 상호반복하는 달리의 여성∞기린의 관계와 달리, '순례자 K'의 텍스트에서 '불타는 기린'은 "병원 가건물 같은 여인"의 "더 큰 서랍" 속으로 들어가 "여자를 불태"움으로써 새로운 탄생을 구가하고야 만다. 양자의 통합이되 기린 중심의 세계 지향과 욕망을 드러내는 장면이랄까. '기린'의 독아적 탄생은 그러나 여인의 허무한 소멸 혹은 해체와 거의 무관하다. '여인'은 불탐으로써 오히려 '기린'의 어떤 본질과 접촉하며, 소멸, 그러니까 '아무것도 아님'에 의해 자기 한계를 돌파하면서 타자의 몸으로 온전히 변형/전이되는 것이다. 이 과정은 어딘가 낯익지 않는가. 그렇다, 공동체 요청의 성별 전환을 수용함으로써 제 몸에 타자-여성의 "발생의 자리를 주는"* "파파피네"의 원상을 우리는 소스라치게 만나는 중인 것이다.

우리는 그러나 '순례자 K' 발(發) '여인⊆기린'의 안녕과 "파파피네"로의 즐거운 귀속을 벌써 확증해서는 안 된다. 그들을 둘러싼 어떤 연쇄와 분열, 통합과 갈등의 현장을 도외시하는 순간, 그들끼리, 또 그들과 우리가 함께 "말끔히 조립되는"(「더미(Dummy)」) '더미됨'**의 기호작용을 멈출 것이기 때문이다.

가령 『당신을 꺼내도 되겠습니까』 전체를 조심스럽고 촘촘하게 가로지르지 않는다면 무슨 일이 발생할까. 그 재난은 "백야의 부드러운 해를 꺼낼 수 없듯/슬픔 속 뿌연 야생을 꺼낼 수 없어"에 뚜렷하게 제시되어 있다. 이 말은 '순례자 K'가 먹이 잡는 법을 익히기 전에 어미를 잃은 아기 곰의 슬픈 운명을 한탄하며 되뇌는 연민과 탄식의 언어다. 그뿐이랴, 지금 'K'는 배고프고 외로워 사람(의 집) 근처를 맴도는 녀석을 "긴 작대기로 땅을 두드려"(이상 「백야(白夜)의 해를 꺼낼 수 없듯」) 추위의 설원으로 돌려보내고 있지 않은가.

---

* 장 뤽 낭시.

** 시인은 '더미(Dummy)'를 1) 물건의 더미 2) 모델이 되는 인체 모형 양자를 포괄하는 의미로 사용 중이다. 나의 '더미됨'은 이것을 존중하고 승인하는 용어임을 밝혀둔다.

사실 'K'와 그 족속들은 서둘러 녀석의 "파파피네"를 자처하며 녀석의 연명(延命)을 넉넉하게 밀어갈 수 있는 능력의 소유자들이다. 하지만 그들의 보호 의식과 연대감은 "슬픔 속 뿌연 야생"을 함부로 조롱하고 소비하는 '문명의 야만'에 의해 불량스럽게 포위된 형국이니 이를 어쩔 것인가. 또 생태계의 원리와 문법을 무시한 채 자연의 동식물을 제멋대로 '위리안치' 하는 태도 역시 끔찍한 파괴 행위 못지않게 지극히 '인간적인 습벽'에 지나지 않는다. 이를테면 "내년을 잊지 않으려는 듯/심연의 한 기슭을 어금니로 꽉 물고 놓지 않"는 '고래의 턱뼈'마저 알량한 장식품으로 구매하는 '당신들'의 스노비즘은 매우 왜곡된 정동(情動)의 장애에 지나지 않는 행태겠다. 이렇듯 타락한 영혼들에게 자기 족속의 배부름을 기뻐함과 동시에 포획된 고래의 죽음을 정중히 애도하는 전(前) 문명 지대 "여인들"의 "새빨간 족적"과 "너울너울"거리는 '춤'(이상 「내년에 또 오너라」)은 푼돈의 쥐어줌으로 박제된 소소한 구경거리에 지나지 않을 것이다.

곰 인형으로 조련된 호랑이를 주워 공놀이를 한다
말랑말랑하고 아름다운 벵골의 줄무늬가 통통 떠다니는
아열대의 사원
목줄이 수면제 먹은 구름을 끊고 다녀서

조각나 흩어진 구름들

호랑이는 졸고 성상(聖像)은 졸고 연잎은 뱅글뱅글 돌고……

—「호랑이 농장」 부분

재와 무지개
신(神)과 고름으로 이루어진
이 변화무쌍한 지구에 이제 막 도착한 듯
퀭한 눈, 바스러질 듯한 가슴
뜨겁게 안아 든 나 이제 막 태어난 듯

어리둥절한 너, 우는 나

—「위니-아이티」 부분

표면적 맥락상 유랑단의 "호랑이"는 "불타는 기린"과 상반되는 불행한 타자라면, 죽음의 찰나에서 구제된 "어리둥절한 너"는 새로 탄생한 '여인⊆기린'에 가깝다. 하지만 현대성의 삶에서 "호랑이"와 "너"의 삶을 지배하는 공동 원리는 "이를 몽땅 뽑히고서야" "당신의 박수와 환호, 붉은 살덩이를 삼킬 수 있"도록 승인하는 쇠우리의 단단함과 차가움이다. "호랑이"와 "아이"의 현실은 따라서 "최면으로 사람을 잘 따르고 유순해요 개처럼, 앵무새처럼"(이상 「호랑이 농장」)에 표현된 폐색의 지평을 결코 벗어날 수 없다. '강철무지개'로 빛나는 쇠우리의 통제를 벗어나는 순간, 자유와 평등의 기치든 민족과 종교적 자율성의 호소든 어떤 주장과 가치도 "깨진 항아리"와 "제물"의 운명을 면치 못한다. '순례자 K'의 절규 "믿음은 왜 모두 돌이 되는 걸까요"(「끝없는 이야기」)에 표상된 절망과 패배, 회의와 불신의 승압과 일상화는 그래서 당연한 수순이며 또 피할 수 없는 현실이다.

그런 점에서 「위니-아이티」 속 아이, 곧 '너'는 저렇게 "재"와 "고름"으로 얼룩진 폭력적 모더니티에 피격된 약하디약한 타자를 대표한다 하겠다. 뜻밖의 "무지개"와 "신"에 의해, 아니 각성된 '선한 사마리아인'에 의해 '너'는 무작정 날아와 몸을 때리는 돌덩이들 속에서 우연히 구제되지만, 그것은 어디까지나 "어리둥절한" 행운에 불과한 것이다. 왜냐하면 "지금은 나머지 반이 사라질 차례"(이상 「끝없는 이야기」)라는 독단적·폭력적 구호 아래 '당신들'의 고약한 돌팔매질은 오늘도 내일도 계속될 것이기 때문이다.

*

'순례자'는 타락한 세계에 맞서 싸우는 투사적 인간형은 아니다. 오랜 종교적·역사적·심미적 가치와 경험을 일용할 지혜로 톺아내는 한편 그것을 우리 모두의 미래 자산으로 씨 뿌리는 뒤돌아보는 예언자에 가깝다. "한줄기 떨림, 눈물의 황홀경으로" "탕자처럼/우물과 사이프러스와 요새 같은 사원을 우러"르는

"순례자 K"(「순례자 K」)의 모습은 강신애의 순례가 전자에 가깝다는 느낌을 언뜻 준다. 사실을 말하건대, 율법의 과거에 맹종하는 예언자는 집단의 미래와 직결된 "파파피네"들의 성차의 전도(顚倒)에까지 냉담할지도 모른다. 율법사 '당신들'의 돌팔매는 율법의 허위보다 삶의 진실을 억압하고 은폐하기 위해 던져지는 경우가 허다하니 그럴 수밖에.

하지만 강신애의 순례는 이런 허위적 주술/심판의 계몽주의와 엄격히 구분된다. 그렇기는커녕 시인의 페르소나 '순례자 K'의 예지는 유연한 미래와 시성(詩性)을 발견하고 전달하기 위해 작아지고 낮아지는 앎의 형식에 가깝다. 그래서일까. 이 자리에서 태어나는 "파파피네"들은 배타적 거절과 급진적 혁신의 미래와도 일정한 거리를 지닌다. 그들이 자기 충족과 그것의 긍정적 초극, 이를테면 "한 마리 낙타의 주인이 되어/높푸른 별빛 명멸하는 천칭자리 주인이 되"기를 꿈꾸는 "인도 소년"(「인도 소년」)과 친화하는 이유가 이로써 설명된다.

언제 어디서든 "종소리가 울려 퍼지는 절벽 아래 나를 내려놓"는 겸허의 몸짓은 고착된 과거와 윤리에의 집착을 허망한 것으로 밀어내기 마련이다. 이 폐절의 자리에서 "자신의 혈통을 의심하"(이상 「순례자 K」)고 "신성한 허무를 어떻게 걸어놓을까"(「바다가 있는 지하실」)를 끊임없이 고민하는 '에로스-불한당 K'의 면모가 탄생하고 성숙한다면 어떨까.

'순례자 K'의 정체성, 바꿔 말해 에로스-불한당의 궁극적 자리는 어디일까. 'K'의 시적 순례의 최종 기착지를 감안하자면, "어둠과 밝음의 경계를 무너뜨리고 싶은 것/그 경계에서 생겨나는 피안의 지문을 더듬고 싶은 것"(「스푸마토」)이다. 흥미로운 것은 'K'에 따르면 이 "피안"은 내파의 언어나 주관적 욕망보다 "빛을 다룰 줄 아는" 능력에 의해 실현 가능한 무엇이다. '빛을 다루다'라는 말에 유의한다면, '빛'은 유추에 포획된 유사성보다 서로의 이질성을 상호 수렴하는 관계성의 매체일 가능성이 크다. '순례자 K'의 감각과 표현에서 유사성과 이질성의 우세종을 굳이 들어보자면, 전자는 '기억'과 관련된 조건들, 후자는 신생/변이의 항목이 아닐까 한다. 물론 이런 비교는 '기억'과 '신생'에 내재한 '시간'과 '가치'의 우열을 따져 묻기 위한 것이 아니다. "파파피네"의 역사화와 보존(심화), 또 미래화와 확산(확장)의 어떤 방향을 엿보고자 하는 마음의 소산일 따름이다. 이것들은 과연 어떻게 조형되고 있는가.

> 나는 왜 자꾸 옮기는가, 내가 누워 있던 최초의 꼬투리가 애초의 냄새와 질감을 기억하고 찾아다니는 걸까, 바닷바람에 밀린 호흡과 흰 숲의 검은 히말라야시다에 던진 운율이 왜 귀를 맴도는가 이 의자, 이 골목, 이 소읍의 태양 아래 저물던 황혼을 흠향하는가
>
> —「회전하는 무초」 부분

먼저 역사화와 보존의 차원이다. "기억", 그 가족어로서 "냄새와 질감"과 "운율"은 빛이 소멸하는 "황혼"의 식구들이다. '소멸'이라고 말했지만, "황혼"은 '귀가'와 '귀향' 같은 돌아옴의 이미지를 환기시킨다는 점에서, 옥타비오 파스의 말을 빌리건대, 현실 "저 너머에 대한 짙은 향수" 혹은 "부재에 대해 느끼는 지적 향수의 편린"과 깊이 연동될 법하다. 여기서 형성되는 동일성의 핵심은 친밀과 연대의 정서일 텐데, 그런 만큼 모든 것들은 서로 영향을 끼치고 서로 비슷한 것으로 변화될 가능성이 크다. '순례자 K'에 따른다면, 그 동일성과 변화의 극점은 "런던 은행가와 케냐 찻잎 따는 농부"가 "아는 사이"임을 지나 "문어와 코뿔소가 울새와 맨드라미가/다슬기와 염소가 지렁이와 나의 피톨이 섞인" 관계로 변신되는 것에서 찾아진다. 이런 동일성의 궁극은 "엑스트라는 없어요/익명이 있을 뿐이죠"(이상 「장엄하게 점점 희미하게」)에 표현된, 서로를 억압하고 차별하지 않는 평등과 자유에 있지 않을까. 이것을 "황혼" 가족 특유의 '에로스' 언어와 몸짓으로 말한다면, "당신이 그린/사랑과 적멸의 눈부신 통로인 제 그림 속으로/데려가실 거죠?"(「제니의 스카프」)가 될 것이다.*

다음으로 미래화와 확산의 차원이다. 시적 동일성은, 시의 사랑은 단순히 유사성의 발견과 구조화로 그치지 않는다. 파스의

---

* 같은 시의 "난파된 배가 맴도는/캄캄한 저 아래/쪼개진 달의 눈물로 만들어진 포말 속에서/나는 다시 태어날 거예요"라는 대목은 "황혼", 곧 어둠·밤이 수행하는 에로스의 이면 본질을 역설적 감각으로 현현하고 있다.

전언처럼, '존재의 본질적인 이질성', 곧 '타자성'을 '나'에게서 찾고 그것에 현존을 부여하는 헌신과 희생 역시 중요하다. '순례자 K'의 여정 한 축이 "헤아릴 수 없는 산 것들 죽은 것들 비명과 희열, 얽히고설킨 이 거대한 거미줄 망"의 의연한 통과에 바쳐지고 있다는 것, 또 거기 걸린 "사소한 입자들을 이슬로 읽을 것인지, 미처 소화되지 못한 키틴 점자(點字)로 읽을 것인지"(이상 「장엄하게 점점 희미하게」) 진중하게 고민한다는 것은 그런 점에서 징후적이다. 이상의 인용구에서는 자아의 충족감과 대상에의 친밀감보다 어떤 불안감과 분열증, 결핍증 따위가 도드라지는 느낌이다. 바꿔 말해 '타나토스'의 감각이 보다 승하다는 것이다.

하지만 '순례자 K'의 감각은 '타나토스'의 부정성에 굴종하기보다 그 악조건을 새로운 존재의 탄생과 현현의 토대로 뒤바꿀 줄 안다는 점에서 지혜롭고 충만하다. 이런 점에서 강신애의 어떤 시들이 극의 형식과 구조를 의식적으로 차용한다는 사실은 강조되어 마땅하다. 제목 자체가 시사적이지만, 「스튜디오」와 「모노드라마」를 빌린 'K'의 시적 행위〔감정의 피로(披露)가 아닌 발화 행동!〕는 이를테면 부재하는 것을 훔치거나 그려내고, 존재하는 것에 태클을 걸고 지워내는, 복합적·모순적 형태를 능수능란하게 취한다. 이런 극적 태도는 '나-너'를 '너-나'가 되도록 이끌고 또 그럼으로써 '나∞너'가 충만한 존재로 거듭나도록 도약시킨다.

나를 위해 거듭 몸을 바꾸어 태어나는
나를 위해 청보랏빛 눈동자 속을 열어 보이는
오직 나만을 위해 살아 움직이는 조는
죽음을 복제하는 자, 남의 육체를 뒤집어쓰고
영겁의 옷을 벗기는 자

—「조 블랙」 부분

이렇게 말해보자. "조 블랙"은 "파파피네"라고. 그는 "죽음을 복제하고" "남의 육체를 뒤집어쓰고" 권력의 영원을 구가하려는 자들의 "영겁의 옷을 벗기는 자"라는 점에서, 또 "나(조 블랙에게는 '너'인)만을 위해" 발생의 자리를 주는 자라는 점에서 타자성에 스스로를 바친 "파파피네"라 불러도 무방하겠다. 과연 "조 블랙"은 "나의 블랙을 데리고 푸르른 정지 화면 속으로 사라"짐으로써 '너'를 향한 "파파피네"의 삶을 또 살고 있다. 그렇다면 "죽음"이니 "남의 육체"니 하는 것은 밀폐된 타나토스의 신민들이 아니라, "파파피네"의 성별 전이와 타자로의 삶이 암시하듯이, 오히려 적대자나 타자들과의 화해와 연대 가능성을 실현하는 전도된 에로스의 형상일 수 있다.

남성이며 여성인, 동시에 그 무엇도 아닌 "파파피네", 타자와의 통합과 주체와의 분열을 동시에 사는 그의 모습은 타나토스와 에로스를 함께 살고 그것을 뒤바꾸는 "조 블랙"의 형상과 그대로 일치한다. 이들을 어떤 '빛'의 형식으로 치환한다면, '순례자 K'가 비록 "어두컴컴한 동굴 속에서" "블랙, 블랙, 외"친다 해도, '먼동'에 가깝지 않을까. 아니 "어두컴컴한 동굴"은 정주의 이미지로 제시된 '황혼'의 시공간보다 오히려 서로의 존재감과 이질성이 뚜렷이 부감되고 또 생존을 위해 동굴 밖으로 나가지 않으면 안 되는 '먼동'의 시공간에 보다 내밀하게 부합한다.

나는 굴절, 혹은 왜곡이 창조해낸
몽유의 원근법
자신의 골격을 무너뜨리고 기체 속에 잠드는 빛의 자세다

윤곽이 소점(消點)도 없이 사라질 때
두 개의 내면은
다른 세기를 통과해간다

—「스푸마토」 부분

우리는 방금 '황혼'과 '먼동'으로 '빛'의 이형(異形)과 차이를 구분해왔다. 이것은 그러나 양자의 서열과 가치를 함부로 설정하는 차별화의 언술과 전혀 무관하다. '먼동'과 '황혼'은 '빛'의 다양성과 이질성을 드러내는 서로 다른 속성일 뿐 태양의 동일한 자식들임에 아무 변함이 없다. 양자는 '빛'과 '어둠'의 기우뚱한 정동(靜動)으로 태양과 그를 향한 우리의 정동(情動)을 실현할 뿐 서로를 함부로 복속하지도 추방하지도 않는다. 두 '빛-

어둠' 혹은 '어둠-빛'은 서로를 밀어내기보다 "내 마음을 열어주겠다는/이제 나를 만져도 좋다는" "그들만의 예법, 아니 사랑법"(「고양이 키스」)을 작동시킴으로써 생의 활성과 안정, 도약과 지속을 세계와 우리 삶의 역동적 자질로 되돌려준다는 말은 그래서 가능하다.

「스푸마토」는 그러므로 이런 '빛'의 자질과 기능을 우리 내면에 투사한 일종의 자화상이 아닐 수 없다. 사전의 정의상 '스푸마토'는 "색을 미묘하게 변화시켜 색깔 사이의 윤곽을 명확히 구분지울 수 없도록 자연스럽게 옮아가도록 하는 명암법"의 일종이다. 이런 미적 방법은 '먼동'과 '황혼'에서 가장 뚜렷한 효과를 발휘할 것이다. '나' 역시 경계와 구분을 무화시키는, 아니 거기서 배제된 타자이기는 마찬가지라는 점에서 빛과 어둠인 동시에 둘 다 아닌 '먼동'과 '황혼'의 족속이기는 마찬가지이다.

이것을 우리의 의식과 삶, 아니 그보다 먼저 "파파피네"의 그것에 비추어보면 어떨까. 만약 "파파피네"와 우리를 두려움 없이 연관시킬 수 있다면, 우리 역시 "두 개의 내면"을 가지고 "다른 세기를 통과해"가는 "파파피네"의 잠재적 가능성이라고 말하지 않으면 안 된다. 또 하얗게 은폐된 '백일(白日)의 달'을 지시할 수 없는 극단의 시대에는 "백야(白夜)의 해"로 "잠드는 빛의 자세"를 취하는 것이 오히려 시적 윤리의 방편일 수 있음 역시 인정해야 한다. 그러할 때 우리는 비로소 정상이나 "소점(消點)" 같은 이성의 간지(奸智)가 아니라 "굴절, 혹은 왜곡이 창조해낸" 다성적이며 불확실한 존재, 곧 "파파피네"의 명랑한 이웃으로 호명될 것이다. 이런 수순을 밟지 않고서는 '순례자 K'의 "설형문자 철자 하나 삐끗하여/이 아름다운 사기술을 완성하는 것"(「모조왕」)이라는 시적 선언과 욕망은, 또 그것을 함께 공유하려는 우리의 독서 행위는, 아무에게 들리지도 보이지도 않는 '모노드라마'로 허망하게 공진(空振)*할 수밖에 없다.

*

『당신을 꺼내도 되겠습니까』의 '순례자 K'는 세계 답파의 핵심 목표를 "신의 성대 어디쯤 빈 뼈의 박동을 꺼내"오는 일과 "석양의 캔버스에 찰나뿐인 점묘화를 그"(「모노드라마」)리는 작업에 두었다. 우리는 이 과제를 남성이며 여성인 "파파피네"의 정체성, 다시 말해 개인적 욕망보다 집단의 요청에 부응하는 성별 전이에의 긍정적 응답, 그 과정에서 획득된 혼종성의 입체적 성격을 지렛대 삼아 검토해온 셈이다. 따라서 위의 두 과제를 "파파피네"의 생에 내재된 '어둠-빛' 혹은 '빛-어둠'의 양가성, 그러니까 '먼동'과 '황혼'에 수렴시켜도 크게 문제되지 않을 것이다.

---

*『당신을 꺼내도 되겠습니까』에는 독립된 시편 「공진(共振)」이 따로 존재한다. 이때의 '공진'은, 한자가 그렇고 해당 시의 일절("녹아들어라/진동하는 눈부신 환영들/내 피 속에, 내 텅 빈 두뇌 속에")이 그렇듯이, 주체와 대상, 자아와 타자가 함께 융합하는 충만한 현장을 묘사하는 용어다.

우리의 이런 태도와 시각은 “파파피네”의 신생과 지속을 우리 삶의 지평으로 전유할 때에도 “꽃, 상징사전”(「꽃, 상징사전」)의 형태와 구성에 대한 주의를 환기한다. 요컨대 “파파피네”와 거기 감염된 우리들의 상징은 “쓰레기 바다 위 연둣빛/뱅그로브 이파리들”로 변신, 가치화되는 인도의 대표적 슬럼가 “다라비”(이상 「다라비」)의 소녀들로만 단성(單性)화되어서는 안 된다. 그보다는 “결코 길들여지지 않는 야생의 본능에 집중”한 끝에야 얻어지는 “당신의 끈기와 주문,/내밀한 밀착에 대한 수락”인 “고양이 키스”(「고양이 키스」) 같은 것을 “꽃, 상징사전”의 올림 항목으로 기대함직하다.

라라, 네가 본 것은
펼쳐 나뒹구는 책, 폐색에 이른 관상동맥
경련하는 태양, 흐린 손톱

출렁이는 녹슨 바다를 쉼 없이 투명한 포말로 뿜어내던
푸른 심장이
세 번 먼 여행 끝에 당도한 꽃밭

끝나지 않은 고해는 라라의 귀에 스미고
끝나지 않은 방랑은 라라의 미간(眉間)에 묻히겠지

내 닫힌 귀는 없는 목소리를 듣고

내 닫힌 눈은 떠도는 나비 무늬를 의심하지 않겠지

—「라라, 누구의 고양이도 아닌 고양이」 부분

"라라"가 "누구의 고양이도 아닌 고양이"인 것은 1연의 부정적 경험을 극복하고 2연의 충만한 삶에 도달했기 때문만이 아니다. 오히려 "죽음을 꽃처럼 물 주어 기르던 그을린 미소"를 잊거나 잃지 않았기에 자율성과 개체성이 확보되지 않았을까. "라라"는 열린 단독성 덕분에 드디어는 그 어떤 타자와 조용히 손잡고 밀담을 나누어도 특정 경향이나 집단으로 편벽되지 않는다. 이런 이유로 "끝나지 않은 고해"와 "끝나지 않은 방랑"의 "라라"에의 수렴은 '순례자 K'의 답파가 드디어 종결되었다는 선언과 끝내 친화할 수 없다. 'K'의 '고해'와 '유랑'은, 또 우리의 그것은, 어떤 특정한 힘의 지배나 영향 아래 긍정적인 방식으로 종결되거나 부정적인 형식으로 은폐될 성질의 것이 아니다. 이런 진실을 무시한 허구적 종언(終焉)의 선포는 "제 운명에 무관심한 초월주의"를 "파파피네"의 본질로 허상화하기 마련이다. 그 순간 '그-그녀'의 간난한 현실을 향한 고락(苦樂) 노래는 "피안의 길 위에 매화처럼 뜬"(이상 「화순」), 그래서 아름답기보다 공소한 메아리로 둥둥 떠다니게 될 것이다.

문제는 따라서 존재 공통의 "고해"와 "방랑"을 어떻게 가로질러 "파파피네"의 자기긍정과 상호소통의 아름다움에 어떻게 도

달할 것인가라는 질문일 수밖에 없다. "내 닫힌 귀는 없는 목소리를 듣고/내 닫힌 눈은 떠도는 나비 무늬를 의심하지 않"는 삶의 지평에 올라서는 일, 아니 그 문턱 앞에라도 간신히 다가서는 일. 아마도 그곳을 향한 실존적 모험의 문패에는 "가장 깊이 자신을 버린 자의 아름다움으로"(「소리 없는 바이올린」)라는 말이 적혀 있을 것이다.*

이런 존재 최후의 고통스런 방기(放棄), 아니 무한 자유로의 명랑한 투기(投企)는 어떻게 가능한가. '순례자 K', 그러니까 강신애는 그 무섭고 불확실한 '자기 던짐'을 향해 "캄캄한 수압을 문지르고 파도의 속살을 뜯으며 소리 없이 연주하고 또 연주"하는 일이라고 적었다. 그 맹렬하고 열정적인, 또 부드럽고 조용한 "들숨과 날숨의 격실" 어디에 존재하는 "비밀의 틈으로 떠오르는 영혼"을 엿보고 만나는 일, 아마도 이것이 다음 순례기의 순금 부분일 것이다. 저 최후의 '아름다움'의 실제와 가치는 그때 논의되어도 늦지 않다. 그러니 우리에게는 "겹겹 혼돈의 지문을 맴"(이상 「소리 없는 바이올린」)도는 '순례자 K'의 연주에 얼마간은 냉정하게 또 얼마간은 울컥대며 몰입하는 시간이 남은 셈인가.

---

*논의의 편의상 인용 시구를 부정적으로 서술했지만, 고양이 "라라"가 또 등장하는 「화순」은 따뜻한 인간미(연민과 동정)로 넘쳐난다. 화자는 심장을 손상당한 "그"와 고양이 "라라"를 동일화하는 방법으로 "그"의 안녕과 치유를 기원하고 있다. 「화순」이 「라라, 누구의 고양이도 아닌 고양이」와 밀접히 관련된 시임이 이로써 확인된다고나 할까.

이 도서의 국립중앙도서관 출판시도서목록(CIP)은 서지정보유통지원시스템 홈페이지(http://seoji.nl.go.kr)와 국가자료공동목록시스템(http://www.nl.go.kr/kolisnet)에서 이용하실 수 있습니다. (CIP제어번호: CIP2014014593)

시인동네 시인선 012

당신을 꺼내도 되겠습니까

초판 1쇄 인쇄 2014년 5월 16일
초판 1쇄 발행 2014년 5월 23일
지은이 강신애
펴낸이 김석봉
책임편집 이현호
디자인 조동욱
펴낸곳 문학의전당
출판등록 제311-2012-000043호
주소 서울시 은평구 연서로11길 7-5 401호
편집실 서울시 마포구 마포대로 127, 413호(공덕동, 풍림VIP빌딩)
전화 02-852-1977
팩스 02-852-1978
블로그 http://blog.naver.com/mhjd2003
전자우편 sbpoem@naver.com

ISBN 978-89-98096-75-5 03810

* 이 책은 서울문화재단 '2012 예술창작지원-문학' 지원사업의 지원을 받아 발간되었습니다.